세상 밖으로 나온 백제

처음부터 제대로 배우는 한국사 그림책 06

세상 밖으로 나온 백제_무령왕릉이 들려주는 백제 시대 이야기

초판 1쇄 발행 2016년 2월 5일
초판 4쇄 발행 2024년 4월 16일

글 서선연
그림 최지은

펴낸곳 도서출판 개암나무(주)
펴낸이 김보경
경영관리 총괄 김수현   **경영관리** 배정은 조영재
편집 조원선 김소희   **디자인** 이은주   **마케팅** 이기성
출판등록 2006년 6월 16일   제22-2944호

주소 서울특별시 용산구 한남대로40길 19, 4층(한남동, JD빌딩) (우)04417
전화 (02)6254-0601, 6207-0603   **팩스** (02)6254-0602   **E-mail** gaeam@gaeamnamu.co.kr
개암나무 블로그 http://blog.naver.com/gaeamnamu   **개암나무 카페** http://cafe.naver.com/gaeam

ⓒ 서선연, 최지은, 2016
이 책의 저작권은 저자에게 있습니다. 저자와 출판사의 허락 없이 내용의 일부를 인용하거나 발췌하는 것을 금합니다.

ISBN 978-89-6830-262-6 74900
ISBN 978-89-6830-122-3 (세트)

이 도서의 국립중앙도서관 출판시도서목록(CIP)은 서지정보유통지원시스템 홈페이지(http://seoji.nl.go.kr)와
국가자료공동목록시스템(http://www.nl.go.kr/kolisnet)에서 이용하실 수 있습니다.
(CIP제어번호: CIP2016000561)

품명 아동 도서 | **제조년월** 2024년 4월 16일 | **사용연령** 10세 이상
제조자명 개암나무(주) | **제조국명** 대한민국 | **전화번호** 02-6254-0601
주소 서울특별시 용산구 한남대로40길 19, 4층(한남동, JD빌딩)

무령왕릉이 들려주는
백제 시대 이야기

세상 밖으로 나온 백제

서선연 글 최지은 그림

개암나무

"영동대장군 백제 사마왕이
62세 되던 계묘년(523년) 5월 7일에 돌아가시니
을사년(525년) 8월 12일에 예를 갖춰 장사를 지내고
이와 같이 기록하였다."

– 무령왕릉 지석에 적힌 글 중에서

"쿵!"
전시실 불이 꺼지고, 문이 굳게 닫혔어.
여기는 박물관이야. 국립 공주 박물관.
내가 있는 곳이지.
나는 사람들이 모두 돌아간 것을 확인하고 나서야
비로소 뒷다리를 쭉 폈어.
사람들이 있을 때는 꼼짝할 수 없거든.
내가 움직일 수 있고 심지어 말도 할 수 있다는 걸 알면
다들 깜짝 놀랄 테니까.
아, 그러고 보니 뒷다리가 무척 아프네.
하루 종일 입을 벌리고 있어서인지 입도 아프고.
그런데 내가 누구냐고?

나는 진묘수라고 해. 무덤을 지키는 돌짐승이야.
머리에 쇠로 만든 뿔을 달고, 입은 쩍 벌린 채
무령왕릉 전시실 한가운데에 떡하니 서 있지.
나이가 좀 들어 보인다고?
놀라지 마. 내가 만들어진 때는
지금으로부터 1,400여 년 전 백제 시대이니까.
네가 태어나기 훨씬 전, 아니 너희 할아버지의
할아버지의 할아버지의 할아버지의…….
아이고, 숨차. 아무튼 내가 만들어지고 나서
100년이 14번도 더 지났다는 것만 알아 둬.

나는 원래 공주 송산에서 무령왕릉을 지켰어.

무령왕릉은 백제 무령왕의 무덤이지.

왕과 왕비의 관 앞에 서서 나쁜 기운을 막아 내고,

아무도 들어오지 못하게 단단히 지키는 일을 했어.

그런데 왜 지금은 박물관에 있냐고?

좋아, 이제부터 내가 이곳에 오게 된 이야기를 들려줄게.

가만 있자, 어디서부터 시작한담?

옳지, 나를 제대로 알려면 백제라는 나라가

어떻게 탄생했는지부터 알아야 해.

자 그럼, 그때로 거슬러 올라가 볼까?

기원전˙ 18년의 일이야. 고구려를 세운 동명성왕의 아들 비류와 온조가
신하들을 이끌고 한반도 남쪽으로 내려갔어.
온조는 한강 남쪽, 위례에 도읍을 정하고 나라를 세웠어.
비류는 미추홀(지금의 인천)에 나라를 세웠지.
그런데 미추홀의 땅은 소금기가 많아서 농사짓기에 알맞지 않았어.
비류가 죽자, 비류를 따르던 백성들은 온조를 찾아갔지.
온조는 그들을 받아들여 새로이 나라를 세우고,
나라 이름을 백제라고 지었어. '백성이 즐겁게 따른다'는 뜻이지.

기원전 예수가 태어난 해를 첫해로 하여 그 이전을 일컬음.

처음에 백제는 한강 남쪽에 자리한 작은 나라였어.
북쪽에는 고구려가, 남동쪽에는 신라가 세력을 키우고 있었지.
세 나라는 서로 한강 유역을 차지하려고 싸웠어.
한강은 한반도의 중심이면서 주변에 기름진 평야가
발달하여 농사짓기에 좋았거든.
또 물길이 서쪽 바다로 이어져
중국의 문물을 받아들이는 교통로로도 알맞았지.
백제는 한강의 뱃길을 통해 이웃 나라 중국으로부터
쇠로 만든 농기구와 무기를 세 나라 중에서 가장 먼저 받아들였어.
덕분에 곡식을 많이 생산하여 경제력을 키우고,
주변 나라를 정복하며 영토를 넓혀 갔어.

백제는 날로 성장하여 4세기 근초고왕 때 가장 크게 세력을 떨쳤어.
남쪽으로는 경기도와 충청도, 전라도 지방까지 영토를 넓혔지.
그런데 369년, 고구려 고국원왕이 군사를 이끌고 백제로 쳐들어왔어.
근초고왕은 태자를 보내 고구려군을 물리치게 하고,
내친김에 직접 군사를 이끌고 고구려의 평양성으로 쳐들어갔어.
전쟁에서 이긴 백제는 비록 평양성을 빼앗지는 못했지만
마침내 한반도에서 가장 강한 나라가 되었단다.
근초고왕은 영토를 넓히는 데에서 멈추지 않고
중국의 동진, 바다 건너 왜(일본)와 외교를 맺었어.
백제는 앞선 문물을 주고받으며 국제적인 나라로 발돋움했지.

태자 왕의 자리를 이을 아들.

하지만 안타깝게도 전성기는 오래가지 못했어.
막강한 고구려의 군대가 쉴 새 없이 쳐들어왔거든.
고구려와 치른 전쟁에서 잇달아 진 백제는 힘이 점점 약해졌어.
396년, 고구려 광개토왕이 대군을 이끌고 쳐들어오자,
결국 힘없이 무너졌고, 한강 북쪽 땅을 고구려에 내주고 말았지.
그것으로 끝이 아니었어. 475년에는 광개토왕의 아들 장수왕이
백제의 도읍인 한성에 쳐들어왔어.
백제는 한강 남쪽 땅마저 빼앗기고, 개로왕까지 목숨을 잃었어.
한성은 폐허가 되었고, 백성들은 불안에 떨었어.
개로왕의 뒤를 이은 문주왕은 도망치듯 쫓겨
웅진(지금의 공주)으로 도읍을 옮겼단다.

전성기 세력이 가장 왕성한 시기.

도읍을 옮긴 뒤에도 혼란은 계속되었어.
어린 왕을 얕본 귀족들이 마음대로 권력을 휘둘렀거든.
바로 그 무렵, 무령왕이 왕위에 올랐어.
무령왕은 나라 안의 반란 세력을 잠재우고,
백성들이 편히 살 수 있도록 힘썼단다.
가뭄이 들어 백성들이 굶주리자,
나라의 창고를 열어 곡식을 나누어 주었어.
집 없이 떠도는 백성들에게는 땅을 주어 집을 짓고 살도록 했지.
그뿐만이 아니야. 고구려를 막기 위해 군사력을 강화하고,
이웃 나라와 교류하면서 나라의 발전을 꾀했어.

"어라하* 님이 돌아가셨습니다."

523년, 무령왕이 세상을 떠났어.

신하들이 서둘러 왕궁이 있는 공산성으로 모여들었지.

"예법대로 빈전에 모시고, 장례를 치러야 합니다."

백제에는 왕이나 귀족이 죽으면 빈전이라는 전각을 만들어 모시고,

27개월이 지난 다음 무덤에 묻는 풍습이 있었거든.

사람들은 공산성에서 왕의 관을 싣고, 빈전이 있는 정지산으로 갔어.

커다란 평상에 관을 올려놓고 그 앞에 향로와 그릇을 놓았지.

그리고 아침마다 음식을 차리고 향을 피웠어.

어라하 백제 시대 왕을 이르는 호칭.

사람들은 송산에 무령왕의 무덤을 만들기로 했어.

"동쪽으로는 청룡의 기운이, 서쪽으로는 백호의 기운이 흐르니,

돌아가신 왕께서 이 좋은 기운을 두루 나누어 주며 백제를 살피실 겁니다."

왕의 무덤을 만들기 위해 나라 곳곳에서 '박사'들이 몰려왔어.

박사는 한 분야의 지식이나 기술이 뛰어난 사람에게 주는 호칭이야.

와박사는 무덤에 쓰일 벽돌을 만들었어.

활짝 피어나는 연꽃과 인동˙ 무늬 그리고 글자를 새긴 벽돌이었어.

기술자들은 와박사가 만든 벽돌을 잘 쌓아
무덤 천장을 둥글게 만들었단다.
금과 청동, 은을 다듬는 공방의 장인들은
금동 신발과 허리띠, 청동 숟가락과 젓가락 등을 만들었어.
왕이 저승에서도 불편 없이 살도록 무덤에 함께 묻기 위해서였지.

인동 겨울에도 말라 죽지 않고 살아서 견디는 덩굴 식물.

"왕의 무덤을 지키는 진묘수를 만들어라!"
백제에서 돌을 가장 잘 다듬는 석공이 불려 왔어.
석공은 망치와 정을 들고 돌을 깨기 시작했어.
'탕, 탕, 탕' 돌 깨는 소리가 온 산에 울려 퍼지기를 몇 달째,
마침내 내가 완성되었어.
뭐, 나도 처음엔 사납고 투박하게 생긴 내 모습이 마음에 들지 않았어.
그렇지만 멀리 볼 수 있도록 튀어나온 눈이며 어디든 갈 수 있는 날개,
쇠로 만든 뿔, 악귀를 쫓는 붉은 입술까지,
왕릉을 지키는 주요 임무를 맡기엔 모자랄 것 없는 생김새였지.
나는 충성을 다해 무령왕릉을 지키겠다고 다짐했어.

이윽고 무령왕이 죽은 지 27개월이 지났어.

왕의 관을 송산으로 옮기는 날, 귀족에서 거지까지 수많은 사람들이 슬퍼하며 왕의 관을 따랐지.

왕릉에 도착하자 좁은 널길˚을 지나 널찍한 널방˚에 관을 모셨어.

무덤 안에는 중국에서 보내온 그릇과 항아리, 백제의 장인들이 만든 껴묻거리˚를 함께 놓았어.

널길에 왕의 이름을 새긴 지석을 놓고, 그 위에 나를 내려놓았지.

"아무 데도 가지 말고, 왕의 무덤을 지켜야 한다!"

그러더니 말이 끝나기 무섭게 내 뒷다리를 부러뜨렸어. 흑!

사람들이 모두 나가고, 등잔불도 꺼졌어.

나는 깜깜한 어둠 속에서 두 눈을 부릅떴어.

그때부터 쭉 왕의 무덤을 지켰지.

널길 무덤의 입구에서 시신을 모신 방까지 이르는 길.
널방 시신을 모시는 무덤 속의 방.
껴묻거리 죽은 사람을 묻을 때, 시신과 함께 묻는 물건들.

얼마나 지났을까? '쿠르릉' 소리와 함께
굳게 닫혀 있던 왕의 무덤이 열렸어.
나는 입을 크게 벌리고, 머리의 뿔도 곧추세웠어.
"왕의 무덤을 잘 지켰구나!"
자세히 보니, 내 다리를 부러뜨린 사람이었어.
무령왕이 죽고 3년 뒤 왕비가 세상을 뜨자,
왕과 함께 왕비를 모시려고 무덤에 들어온 거였지.
등잔에 불이 켜지자 무덤 안이 환하게 밝아졌어.
사람들이 왕비의 관을 들고 와 서쪽에 놓더라고.
왕에게 했던 것처럼 저승에서 쓸 항아리와 그릇,
숟가락 같은 껴묻거리를 놓았지.
그런 다음, 무덤 입구에 차곡차곡 벽돌을 쌓더니
벽돌 사이에 회를 발라 입구를 단단히 막았어.
이제 영원히 무덤 안에 있어야 하나 보다 생각했어.
그런데 예상이 빗나갔단다.
그 뒤로 무슨 일이 있었는지 계속 이야기해 볼게.

백제·신라 연합군

하루는 공산성에서 놀라운 이야기가 들려왔어.
무령왕의 뒤를 이어 왕위에 오른 성왕이
사비(지금의 부여)로 도읍을 옮긴다는 거야.
성왕에게는 아주 큰 꿈이 있었어.
잃어버린 한강 유역까지 영토를 넓히는 것이었지.
이를 위해 사비로 도읍을 옮긴 성왕은 신라와 연합하여
고구려를 공격해 크게 이겼어.
그리고 마침내 한성, 즉 한강 남쪽을 다시 차지했지.
하지만 기쁨도 잠시, 백제와 손을 잡았던 신라가
백제를 저버리고 한강 남쪽을 다시 빼앗았어.

고구려군

그 뒤로 백제의 왕들은 신라를 공격하여
한강 유역을 되찾으려고 애썼어.
무왕은 열 번 넘게 전쟁을 치러 신라의 땅을 빼앗기도 했지만
한강 유역을 되찾지는 못했어.
무왕은 왕권을 안정시키기 위해 불교를 널리 퍼뜨렸어.
나라 곳곳에 절과 탑을 짓게 했지.
익산의 미륵사도 백제가 다시 부강해지기를
바라는 마음에서 지은 절이야.
백제 때 지어진 절 가운데 규모가 가장 크지.

641년, 무왕의 뒤를 이어 의자왕이 왕위에 올랐어.
의자왕은 고구려와 힘을 합쳐 신라를 공격하여
40여 개의 성을 빼앗는 등 큰 승리를 거두었어.
그러자 신라는 중국의 당나라와 동맹을 맺었어.
당나라도 백제가 세력을 넓히자 위기감을 느껴 신라와 손을 잡았지.
신라와 당나라 연합군이 백제에 쳐들어올 거라는 소문이
내가 있는 이곳 웅진까지 들려왔어.
하지만 의자왕은 이 사실을 전혀 알아차리지 못했어.
신라에게 여러 차례 이기고 나서 자만에 빠져 있었거든.
하늘 높은 줄 모르고 콧대가 높아진 의자왕은
바른말을 하는 신하들을 옥에 가두고 귀양을 보냈어.
그리고 날마다 사비성에서 잔치를 벌였지.
나는 백제가 이대로 끝나는 게 아닌가 싶어 걱정스러웠어.
아니나 다를까 내 걱정은 곧 현실이 되었단다.

660년, 당나라 장수 소정방이 13만 대군을 이끌고 백제로 쳐들어왔어.
곧이어 신라군도 5만 군사를 이끌고 사비성으로 쳐들어왔지.
아끼던 계백 장군을 황산벌(충남 연산)로 보내 신라군을 막게 했는데,
안타깝게도 백제군은 이 전투에서 전멸하고 말았어.
5천 명의 군사로 5만 명이 넘는 군사에 맞서는 건
처음부터 말이 안 되는 일이었지.
사비성은 무너졌고, 의자왕과 태자는 웅진으로 도망갔지만
곧 신라와 당나라 연합군에 항복하고 말았어.

한때 한반도에서 가장 강한 나라였던 백제는
그렇게 멸망하고 말았단다.
나는 무덤 속에서 그 소식을 듣고 눈물을 흘렸어.
그 뒤 신라는 고구려까지 정복하여 삼국을 통일했고,
백제는 역사 속으로 영영 사라져 버렸지.
무령왕을 비롯한 백제 왕들의 무덤도
사람들의 기억 속에서 점점 잊혀 갔어.

시간이 많이 흘렀어.

그 사이 한반도에는 왕건이 세운 고려가 자리했다가 사라졌고,

다시 그 땅에 이성계가 세운 조선이 들어섰어.

땅 위의 세상은 그렇게 변화무쌍했지만,

땅속 무령왕릉 안에서는 별다른 일이 없었단다.

유물들만이 세월의 무게를 견디며 조금씩 썩고 있을 뿐이었지.

송산에 백제 왕의 무덤이 있다는 소문이 간간이 떠돌았지만,

아무도 확신하지는 못했어. 기록이 남아 있는 게 아니었으니까.

나는 그런 소문이 들릴 때마다 숨을 죽이고,

땅 위에서 들리는 소리에 귀를 기울였어.

혹시라도 무령왕릉에 침입하는 자가

생기지 않을까 하는 걱정 때문이었지.

1910년, 조선의 백성들은 힘겹고 침울한 나날을 보냈어.
일본이 강제로 한일 병합 조약을 맺어
조선의 국권을 빼앗고, 식민지로 삼았거든.
조선 땅에 일본 군인과 사람들이 물밀듯이 몰려왔어.
일본인은 조선의 역사를 연구하고 조사한다는 핑계를 대며
유적지를 함부로 파헤쳤어.
거기에서 나온 청동과 철기 같은 금속을 녹여
탱크와 총알을 만들고,
금과 은, 도자기 같은 유물은 도둑질해 갔지.
조선 사람들이 원통해하는 소리가 땅속까지 들려왔어.

1933년 어느 날, 한 일본인이 사람들을 이끌고 송산에 나타났어.
나는 단박에 알아차렸지. 그가 왕릉을 도굴하러 왔다는 것을.
깜깜한 밤, 무령왕릉 바로 앞쪽 무덤에서 땅 파는 소리가 들렸어.
새벽녘에는 무덤 안에 있던 유물을 밖으로 내가는 소리가 들렸지.
아침이 되자, 도굴 작업을 지시한 사람이 무령왕릉 쪽으로 다가왔어.

"저기 뒤쪽에 있는 볼록한 것도 무덤이 아닐까요?"
"그건 무덤이 아니야. 이 무덤을 보호하기 위해 만든 산이지."
그러더니 무덤에서 꺼낸 금과 은, 도자기를 싣고 가 버렸어.
만약 그들이 이곳도 왕릉이라는 걸 알았다면
무령왕릉도 무사하지 못했을 거야.
그때만 생각하면 지금도 등이 오싹해.

세월이 흐르고 흘러 1971년이 되었어. 천 년도 넘는 세월이 흘렀지.
이제는 도굴꾼 걱정 없이 무령왕릉을 지킬 수 있겠구나 생각했어.
하지만 내 생각은 또다시 보기 좋게 빗나갔어.
며칠 전부터 '퉁, 탁! 퉁, 탁!' 소리가 들리더니,
무덤이 조금씩 울리기 시작한 거야.
'무슨 소리지? 혹시 침입자?'
나는 정신을 바짝 차리고 무덤 입구를 노려보았어.
무덤을 단단히 막고 있던 벽돌이 하나씩 사라지더니,
하얀 연기가 밖으로 뿜어져 나가는 동시에
한 줄기 빛이 쏟아져 들어왔어.
그리고 사람들이 하나둘 무덤 안으로 들어왔지.

"영동 대장군 백제 사마왕……."
한 사람이 지석 위에 놓인 동전 꾸러미를 조심스럽게
들었다 놓으며 글자를 읽어 내려갔어.
"사마왕이라면 백제의 무령왕이 아닙니까?"
사람들은 자신들이 발견한 무덤이 백제 무령왕의
무덤이란 걸 알고 무척 흥분했어.
밤새 무덤 안에 불을 밝히고, 청동 검, 청동 거울, 금동 신발,
은잔, 썩은 나무 관 등을 서둘러 내갔지.
나도 그때 무덤 밖으로 나왔단다. 무려 1,448년 만에 말이야.

사람들은 우리를 연구실로 데려갔어.
다행히 우리를 소중히 다뤄 주었지.
먼지가 묻은 것은 깨끗이 닦고 부러지고 깨진 것은
접착제로 붙여 원래 모습으로 되돌려 놓았어.
부러진 내 다리도 감쪽같이 붙여 주었단다.
하지만 썩거나 삭은 것은 어쩔 수 없나 봐.
썩은 나무 관과 삭은 청동 검, 신발은 제 모습을 찾지 못했어.

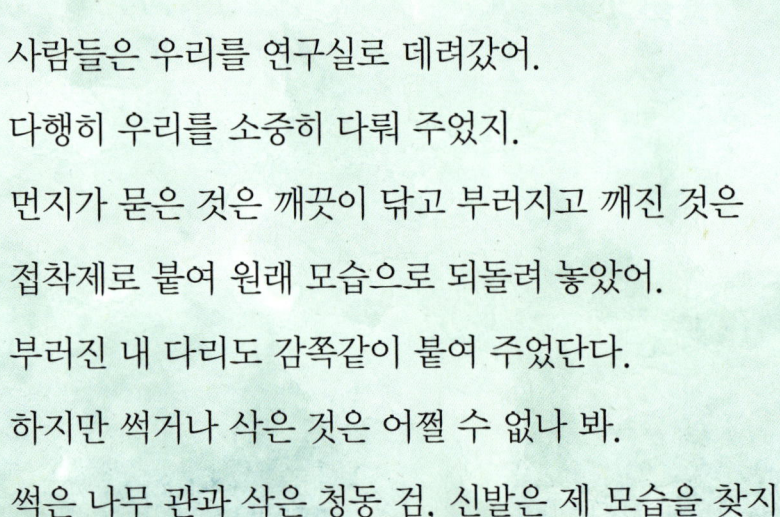

처음 모습을 되찾은 나는 예전처럼, 다시 송산으로 돌아가
무령왕릉을 지킬 수 있을 거라고 생각했어.
그런데 우리를 박물관으로 데려가 전시를 한다는 거야.
"무령왕릉에서 나온 유물을 전시하면,
백제의 역사를 생생하게 알릴 수 있을 겁니다!"
나는 무령왕릉을 지키는 진묘수인데,
왕의 무덤을 두고 어디로 간단 말이지?
이런저런 생각들로 머리가 복잡해졌어.
그렇지만 곰곰이 생각해 보니 박물관에서도 할 일이 많겠더라고.
백제의 역사에 대해 나만큼 잘 아는 이가 또 어디 있겠어?

이렇게 해서 나는 국립 공주 박물관에 오게 되었어.
1,400여 년 동안 땅속에서 무령왕릉을 지켰다면,
지금은 박물관에서 백제의 유물들을 지키고 있지. 에헴!
그리고 오늘날 사람들에게 찬란한 백제의 문화와
역사에 대해 들려주고 있단다.

"덜컹!"
날이 밝고, 박물관 문이 다시 열렸어.
오늘도 나는 늠름한 모습으로 사람들을 맞이할 거야.
이제 난 무령왕릉을 넘어 백제의 역사를 지키는 진묘수니까!

진묘수가 들려주는
백제 이야기

백제는 기원전 18년, 한강 유역에 세운 나라로

고구려, 신라와 함께 삼국을 이루었어.

이제부터 나, 진묘수와 함께 백제의 700여 년 역사 속으로 들어가 보자!

 **백제는 어떤 나라일까?**

백제의 역사는 아직도 많은 부분이 밝혀지지 않았어. 신라나 고구려에 비해 남아 있는 기록이 많지 않거든. 《삼국사기》처럼 고구려, 백제, 신라, 삼국 시대를 다룬 역사책에도 백제의 역사는 많이 나오지 않아. 일제 강점기에 일본이 백제의 역사를 왜곡하거나 축소한 데에도 원인이 있지. 그렇지만 백제는 결코 작거나 만만한 나라가 아니었어.

기원전 18년, 고구려 동명성왕의 아들인 온조가 한강 남쪽으로 내려와 백제를 세웠어. 그 무렵, 한강 남쪽에는 수많은 나라가 있었지. 그 나라들을 통틀어서 마한이라고 불렀는데 백제도 처음에는 마한에 속한 작은 나라들 가운데 하나였어.

백제는 한강 유역의 풍부한 물과 드넓은 평야를 이용하여 일찍부터 농업을 발전시켰단다. 먹고살기 풍족했으니 당연히 고구려, 신라보다 일찍 전성기를 누렸어. 3세기 고이왕 때 법과 제도를 정비하여 고대 국가의 기틀을 다졌고 군사력을 키워 마한을 통합하고 한강 유역의 중심 세력으로 성장했지. 근초고왕은 고구려와 전쟁에서 크게 이겨 북쪽으로 영토를 넓히고 중국의 동진과 왜(일본) 등 여러 나라와 외교를 맺어 활발히 교류했어. 그러면서 동아시아의 해상 왕국으로 떠올랐지.

외교 다른 나라와 정치, 경제, 문화적으로 영향을 주고받는 일.

백제의 성터인 풍납토성이 있던 자리예요. 오늘날 서울 송파구 풍납동 지역이며 백제의 첫 도읍인 한성이 자리했던 곳으로 짐작해요. 지금은 이 터에 아파트와 주택들이 빽빽이 들어서 있어요.

하지만 아쉽게도 전성기는 오래가지 못했어. 5세기 중반, 고구려의 광개토왕과 장수왕이 막강한 군사력을 앞세우고 잇따라 쳐들어왔거든. 특히 475년, 장수왕이 백제에 쳐들어왔을 때는 도읍인 한성이 쑥대밭이 되고, 개로왕마저 고구려군에 붙잡혀 목숨을 잃었어. 백제는 500여 년 동안 도읍으로 삼았던 한강 유역을 빼앗기고 웅진(지금의 공주)으로 도읍을 옮겼지.

그러나 도읍을 옮긴 뒤에도 나라는 혼란스러웠어. 귀족들이 끊임없이 반란을 일으켰거든. 바로 그때 등장한 왕이 무령왕이야. 무령왕은 저수지와 농경지를 정비해서 백성들의 근심을 덜어 주었고, 고구려에 맞서기 위해

충청남도 부여군의 백제 문화 단지 안에 꾸민 사비궁 천정문의 모습이에요. 사비궁은 성왕이 부여로 도읍을 옮긴 후 세운 궁궐이지요.

군사력을 강화하는 등 나라를 안정시키고자 힘썼어.

523년, 무령왕의 뒤를 이어 왕이 된 성왕은 백제의 힘을 더 키워야겠다고 결심했어. 그래서 538년에 사비(지금의 부여)로 도읍을 옮기고 고구려에 빼앗긴 한강 유역을 되찾기 위해 기회를 노렸지. 이윽고 551년, 고구려가 왕위 다툼으로 혼란한 틈을 타 신라의 진흥왕과 손을 잡고 고구려를 공격했어. 백제는 이 전쟁에서 크게 이겨 한강 남쪽을 다시 차지했지. 그러나 기쁨도 잠시, 진흥왕이 배신하는 바람에 도로 신라에게 빼앗기고 말았어. 그 뒤로도 백제의 왕들은 옛 도읍인 한강 유역을 되찾고자 끊임없이 노력했어. 그리고 나라의 힘을 하나로 모으기 위해 불교를 널리 퍼뜨렸지. 덕분에 이 시기에 화려한 불교문화가 꽃피었단다.

　세월이 흘러 641년, 백제의 마지막 왕인 의자왕이 왕위에 올랐어. 초기에 의자왕은 신라를 공격하여 한강 유역을 되찾는 등 진취적인 모습을 보였어. 그러나 점점 자만에 빠져 나라의 앞날을 걱정하며 조언하는 충신들을 옥에 가두고, 날마다 잔치를 벌이는 등 나랏일을 돌보지 않았어. 그러다가 결국 660년에 신라와 당나라 연합군을 막아내지 못하고 끝내 역사 속으로 사라졌단다.

 백제가 꽃피운 찬란한 문화

백제의 문화재들을 살펴보면 온화하고 섬세한 아름다움을 느낄 수 있어. 백제의 대표적인 문화재들을 같이 살펴보자. 먼저 미륵사지 석탑이야. 백제에서 가장 큰 절이었던 익산의 미륵사 터에 있는 석탑인데 아쉽게도 탑의 반쪽만 남아 있어. 6층까지 남아 있는데 원래 몇 층짜리였는지는 정확하게 알 수 없단다. 우

제대로 된 보수를 앞두고 있는 미륵사지 석탑(국보 제11호)이에요. 일제 강점기에 일본인들이 보수하겠다며 들이부은 콘크리트를 떼어 내는 데만 10년이 넘게 걸렸다고 해요.

리나라에서 가장 오래된 석탑이기도 해. 그런데 일제 강점기에 일본인들이 석탑을 보수한다며 콘크리트를 부어 버렸어. 무거운 콘크리트 때문에 시간이 지날수록 점점 심하게 훼손되었지. 이에 1999년 문화재위원회가 탑을 뜯어 내어 다시 보수하기로 결정했어. 2017년까지 복원할 예정이라고 해.

서산 마애여래삼존상은 충청남도 서산의 가야산 계곡 절벽에 조각된 거대한 불상이야. 가장 큰 본존여래상의 높이는 2.8미터나 돼. 얼굴이 둥글둥글하고 미소가 아름다워서 '백제의 미소'로도 불리지. 백제 시대에 중국으로 통하는 교통로인 태안반도에서 부여로 가는 길목에 위치하고 있어 중국과 활발하게 교류했음을 알려 주고 있어.

금동대향로는 높이가 64센티미터, 무게가 11킬로그램이 넘는 커다란 향로

서산 마애여래삼존상(국보 제84호)이에요. 마애여래삼존상이 새겨진 가야산 계곡에는 예부터 백제 시대의 절들이 많이 있었다고 해요.

야. 산과 계곡, 폭포 등 멋진 자연 풍경이 섬세하게 나타나 있고, 음악을 연주하는 사람들, 봉황과 용 같은 상상의 동물들, 현실 속의 동물들까지 아름답게 새겨진 향로이지. 중국 한나라의 영향을 받은 것으로 보이지만 한나라의 향로보다 훨씬 입체적이고 창의적으로 표현되어 있으며 불교와 도교 사상이 조화롭게 담긴 귀중한 문화재야.

금동대향로(국보 제287호)는 충청남도 부여 능산리의 절터에서 발견되었어요.

 일본에 큰 영향을 준 백제의 문화

　백제가 꽃피운 찬란한 문화는 일본에 전해졌어. 백제는 건국 초기부터 멸망할 때까지 일본과 돈독한 관계를 이어 갔거든. 285년에는 왕인 박사가 논어와 천자문을 전해 주었고, 4세기 근초고왕 때에는 학자 아직기가 사신으로 가서 일본 태자에게 한자를 가르쳐 주기도 했어. 뿐만 아니라 박사들을 보내 도자기, 직조(천을 짜는 일), 회화 등의 기술을 전수했지. 552년에는 성왕이 불

경과 금동석가여래상을 전하고 승려들을 보내 일본 최초의 불교문화인 아스카 문화가 번성할 수 있게 도왔어.

 **백제의 왕들이 잠들어 있는 공주 송산리 고분군**

공주 송산리 고분군은 웅진에 도읍을 두었던 때에 재위(임금의 자리에 있음)한 왕과 왕족의 무덤이 모여 있는 곳이야. 무령왕릉을 포함하여 모두 7기가 남아 있지. 송산에서 뻗어 나온 구릉에 위치하는데 계곡을 사이에 두고 서쪽에는

충청남도 공주시에 있는 송산리 고분군이에요. 앞줄 왼쪽부터 2~4호분이고, 그 오른쪽 건너에 약간 높이 솟은 무덤이 7호분인 무령왕릉. 그 앞 두 개의 무덤이 5호분(왼쪽)과 6호분(오른쪽)이에요.

무령왕릉과 5호, 6호분이 있고 동북쪽에는 1~4호분이 있어. 1~4호분은 조사하기 전에 도굴되었고, 무령왕릉은 1971년 5, 6호분을 보수 공사하다가 뒤늦게 발견되었지. 5, 6호분의 무덤을 보호하기 위해 만든 언덕인 줄 알았던 거야. 그 때문에 나, 진묘수를 포함해서 무령왕릉에 있는 유물들은 도굴되지 않고 온전히 발굴될 수 있었단다.

무덤을 살펴보면 1~5호분은 굴 모양의 출입구를 만들고 넓은 판 모양의 돌로 널방을 만든 무덤이야. 그와 달리 6호분과 무령왕릉은 벽돌무덤이지. 연꽃무늬 벽돌을 가로세로로 정교하게 쌓아올려 입구와 벽을 터널 모양으로 만들었어. 벽돌무덤은 당시 중국에서 유행하던 무덤 형식이었어. 무덤 안에서는 중국 청자들이 발견되었고, 왕과 왕비의 시신이 담긴 목관은 일본산 금송 나무로 밝혀져 백제가 중국, 일본 등 여러 나라와 활발하게 교류했음을 짐작하게 하지.

무령왕릉에 대해 더 알려 줄게!

무령왕릉 발굴 이야기

1933년, 일제 강점기에 벌어진 일이야. 공주 고등 보통학교 교사로 우리나라에 온 가루베 지온이라는 일본인이 백제의 역사를 연구한다며 송산리에 있는 백제 무덤을 마구 파헤치고 그 안에 있는 유물을 훔쳐 갔어. 6호분까지 다 파헤쳤지만, 다행히 무령왕릉은 발견하지 못해 피해를 입지 않았지.

1971년 7월 8일, 무령왕릉 발굴 현장이에요.

1971년 7월 8일, 공주 송산리 6호분의 물 빠짐 공사를 하던 일꾼이 무령왕릉의 입구를 발견했어. 무려 1,448년 만에 무령왕릉이 우리 앞에 모습을 드러낸 거야. 그렇지만 이 위대한 발굴은 하루만에 끝이 나고 말았단다. 몰려든 취재진과 구경꾼들이 유물을 훼손하는 것을 막으려고 발굴팀이 서둘러 유물을 내갔기 때문이야. 그 과정에서 유물들이 얼마나 소홀히 다루어졌을지는 말하지 않아도 알겠지?

　무령왕릉은 우리나라 고고학사에서 돌이킬 수 없는 어설픈 발굴이 되어 버렸어. 하지만 다행히도 무령왕릉에서 나온 4,600여 점의 유물은 백제 사람들의 생활과 문화를 알려 주는 중요한 자료로 쓰이고 있단다.

무령왕릉의 구조

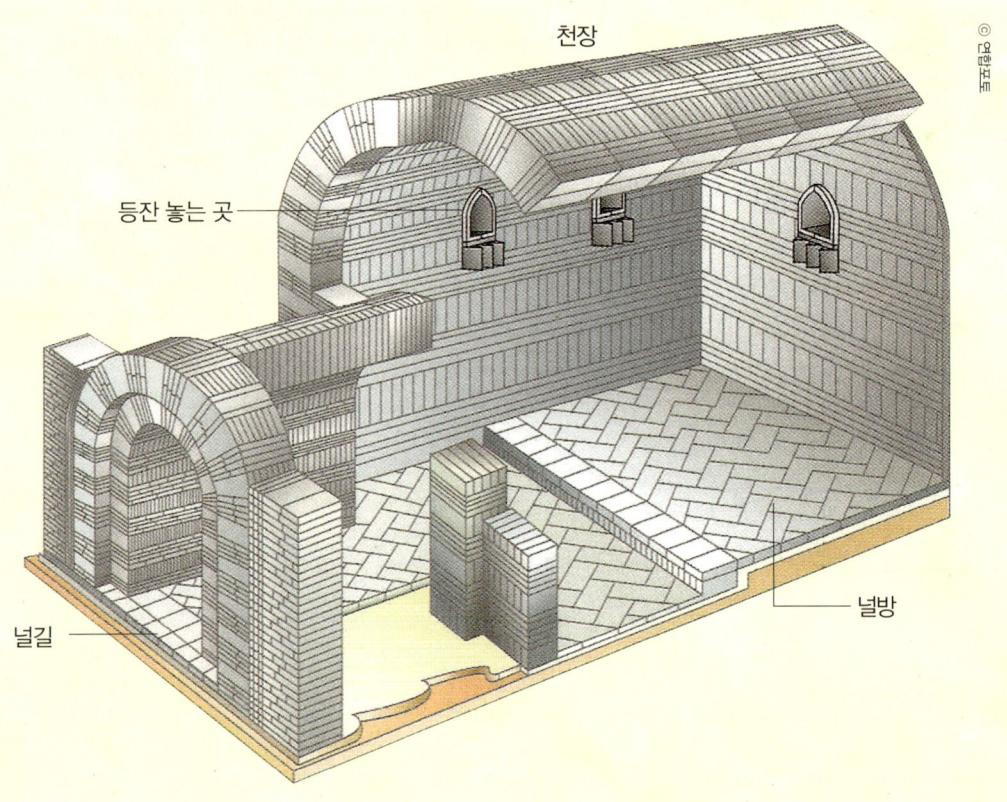

널길 무덤 입구에서 시신을 모신 널방으로 들어가는 길이야. 이곳에 지석과 나(진묘수) 그리고 중국에서 보내온 청자와 청동 숟가락, 젓가락 들이 놓여 있었어.

널방 무덤방이라고도 해. 동쪽(오른쪽)에는 왕의 관이 놓여 있고, 서쪽(왼쪽)에는 왕비의 관이 놓여 있었어. 그 앞에는 그릇과 항아리가 있었지.

천장 무덤 천장은 벽돌을 둥그렇게 쌓아 아치 모양으로 만들었어.

등잔 놓는 곳 벽돌 2장을 붙여 등잔을 올려놓는 공간을 만들었어. 멀리서 보면 마치 불꽃이 활활 타오르는 것처럼 보여.

무령왕릉에서 나온 유물들

지석
죽은 날짜와 무덤에 묻힌 날짜가 적힌 돌판이야. 무령왕과 왕비의 지석은 널길에 놓여 있었지. 이 지석 덕분에 7번째로 발견된 7호분이 무령왕릉이라는 걸 알 수 있었어.

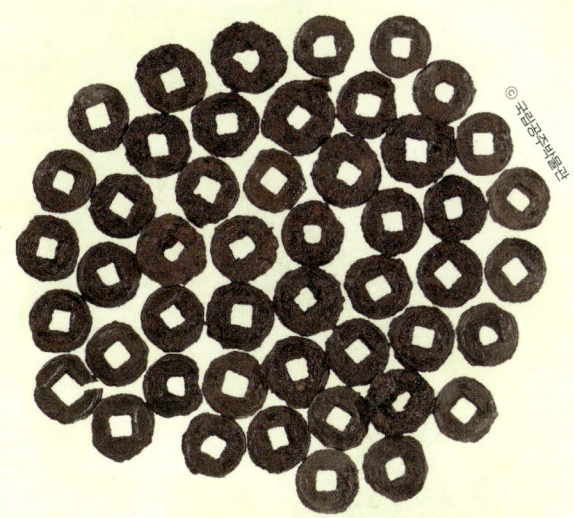

오수전
중국 양나라의 철로 된 화폐야. 화폐에 '오수'라는 글자가 새겨져 있어. 땅의 신에게 땅을 사는 대가로 준 돈이었을 것이라고 추측해.

진묘수

나, 진묘수는 무덤을 지키려고 만든 돌짐승이야. 언뜻 보기에 돼지를 닮았지만, 상상의 동물이지. 무덤 안으로 들어오는 침입자나 나쁜 기운을 막기 위해 널길에 두었어. 부러진 뒷다리는 도망가지 말고 꼭 붙어서 무덤을 지키라고 일부러 부러뜨린 것으로 추측해. 지금 내 다리는 잘 복원되었어.

청동 거울

3개의 청동 거울이 나왔어. 그중 청동신수경은 특히 아름다워. 거울 뒷면에 긴 창을 들고 커다란 짐승을 사냥하는 신선의 모습이 정교하게 새겨져 있지.

유리 동자상
왕비의 관 속에서 발견되었어. 유리로 만들었는데, 두 손을 모으고 눈을 지그시 감고 있지. 왕비가 살아 있을 때 부적처럼 몸에 지니고 다니던 수호신이었을 것으로 추측해.

왕의 관 꾸미개   왕비의 관 꾸미개

금으로 만든 관 꾸미개
왕과 왕비의 머리 부근에서 나왔어. 그래서 왕과 왕비의 관에 꽂은 장식으로 추측하지. 얇게 편 금을 불꽃이 활활 타는 듯한 모양으로 오려 내어 만들었어.

청동으로 만든 숟가락과 젓가락

널길에서 발견되었으며 각각 18센티미터가 조금 넘어. 고대의 무덤에서 금속으로 만든 젓가락이 나온 일은 아주 드물어. 대개는 나무젓가락 정도가 발굴될 뿐이거든.

왕의 금동 신발   왕비의 금동 신발

금동 신발

왕과 왕비의 금동 신발이야. 신발의 크기가 35센티미터가 넘는 것으로 보아 평소에 신었던 신발은 아닌 것으로 보여. 죽은 사람을 위해 만든 껴묻거리일 거야.

왕의 베개

왕비의 베개

왕의 발 받침

왕비의 발 받침

베개와 발 받침

머리와 발을 올려놓았던 나무 베개와 발 받침이야. 베개는 U자 모양이고 발 받침은 W자 모양이지. 왕의 베개는 검은색에 금으로 꽃잎 모양 장식을 했고, 왕비의 베개는 붉은색에 연꽃, 인동, 새, 용 등을 그려 넣었어.

백제 문화의 보물 창고, 무령왕릉

여러 가지 무늬의 벽돌과 견고하게 쌓아올린 무령왕릉의 벽을 보면 백제의 뛰어난 건축술을 알 수 있어. 또 금을 얇게 펴서 정교하게 만든 관 꾸미개 같은 장신구는 백제 장인들의 솜씨가 얼마나 뛰어났는지를 짐작하게 하지. 한마디로 무령왕릉은 백제의 문화와 역사를 한눈에 보여 주는 보물 창고야. 기회가 된다면 무령왕릉과 국립 공주 박물관에 들러서 신비롭고 아름다운 백제의 문화를 직접 체험해 보길 바라.

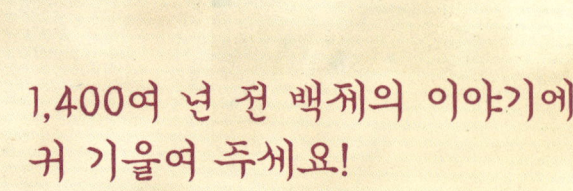

1,400여 년 전 백제의 이야기에 귀 기울여 주세요!

무령왕을 처음 만난 건 8년 전이에요. 좀 더 정확히 말하면 무령왕과 백제 사람들이 남긴 흔적을 만난 거라고 해야겠네요. 공주 알밤 축제 때였는데 무령왕릉 유물 발굴 재현 현장을 살피고, 활쏘기, 백제 시대 옷 입기 등 다양한 체험을 했어요. 다른 축제와 별다를 게 없어 조금 심드렁해하는데 마침 관광용 코끼리 차가 제 앞에 멈춰 섰어요. 순간 '국립 공주 박물관 탐방'이라는 푯말이 마음을 사로잡았지요.

컴컴한 박물관 안으로 첫발을 내디뎠어요. 가장 처음 나를 반긴 건 머리에 쇠로 된 뿔이 달린, 무뚝뚝해 보이는 돌짐승이었지요. 그런데 뚫어지게 쳐다보고 있자니, 마치 말을 걸어오는 것 같았어요! 호기심이 생긴 저는 박물관 안을 좀 더 자세히 살펴보기로 했어요. 화려한 금꽃 장식과 귀고리, 유리로 만든 동자상, 용 두 마리가 꼬리에 꼬리를 물고 이어진 왕비의 은팔찌 등 무령왕릉에서 나온 유물들을 보면서 그 옛날 사람들이 만들었다고는 상상하기 어려운 정교함과 섬세함에 몹시 감탄했어요.

　1,400여 년 전 백제 사람들과 그때의 건물들은 거의 사라지고 없지만 남아 있는 유물을 통해 그 찬란한 문화와 역사, 삶의 흔적이 고스란히 전해지고 있다는 것이 신기하기도 했지요. 그렇게 유구한 세월을 지나오며 역사를 증언하고 있다는 것이 새삼 감격스럽게 느껴졌답니다.

　이 책을 쓰기 위해 다시 무령왕릉과 국립 공주 박물관을 찾았어요. 처음 박물관에 발을 내딛던 설렘은 조금 사라졌지만, 무령왕릉에서 나온 유물들은 여전히 저를 반기는 듯했어요. 아니, 더 많은 이야기를 들려주는 것 같았지요. 저는 유물들이 전하는 이야기에 귀를 기울이며 글을 써 나갔어요. 이 책을 통해 여러분도 저처럼 백제라는 나라에 관심을 갖고, 백제의 역사에 한 발 더 다가가는 계기가 되었으면 해요.

서선연

"오늘도 나는 늠름한 모습으로 사람들을 맞이할 거야.
이제 난 무령왕릉을 넘어 백제의 역사를 지키는 진묘수니까."